W9-CSN-722

EL ZORRO CURIOSO

EL ZORRO CURIOSO

RÓBERT FARKAS

Y EL UNIVERSO

LUMEN

EL ZORRO CURIOSO

RÓBERT FARKAS

Y EL UNIVERSO

—UNA HISTORIA SOBRE EL BIG BANG—

Lumen

Papel certificado por el Forest Stewardship Council®

Título original: *Első könyvem az univerzumról. Hogyan születnek a csillagok?*
Primera edición: noviembre de 2018

© 2017, Farkas Róbert
Publicado con el consentimiento de Sárközy & Co. Literary Agency

© 2018, de la presente edición en castellano para todo el mundo:
Penguin Random House Grupo Editorial, S.A.U.
Travessera de Gràcia, 47-49. 08021 Barcelona

Printed in Spain – Impreso en España

ISBN: 978-84-488-5143-9
Depósito legal: B-18578-2018

Compuesto por Magela Ronda
Impreso en Talleres Gráficos Soler, S.A.
Esplugues de Llobregat (Barcelona)

BE 5 1 4 3 9

Penguin
Random House
Grupo Editorial

A MI HIJA, FANNI. POR FAVOR, ¡NUNCA DEJES DE PREGUNTARME!

—PAPÁ, ¿PUEDO PREGUNTARTE ALGO?
—CLARO, HIJO, ¿QUÉ QUIERES SABER?
—PUES, QUIERO SABER... ¿DE DÓNDE VENGO, PAPÁ?
—MMM. BUENO. TODOS VENIMOS DE LAS ESTRELLAS.
—¿QUÉ QUIERES DECIR?

Hay más estrellas en la parte del universo que podemos ver con telescopios, que granos de arena en cada playa de nuestro planeta.

–QUIERO DECIR QUE TÚ Y YO, Y TODO LO QUE VES ALREDEDOR, TENEMOS UN MISMO ORIGEN.
–¡ANDA YA! ¿QUIERES DECIR QUE TODO, TODO, TODO PROVIENE DE UN SOLO LUGAR? ¿EN SERIO? ¿Y QUÉ LUGAR ES ESE?

La teoría del Big Bang explica que las galaxias se alejan unas de otras a medida que el espacio entre ellas se extiende cada vez más rápido. Las galaxias que están dos veces más lejos de nosotros se mueven el doble de rápido.

–TE LO EXPLICO: HACE MUCHO MUCHO TIEMPO, HUBO UNA
GRAN EXPLOSIÓN. DE ESA EXPLOSIÓN NACIERON EL ESPACIO
Y EL TIEMPO. Y MÁS TARDE, LAS GALAXIAS, LAS ESTRELLAS Y,
POR SUPUESTO, TÚ Y YO TAMBIÉN NACIMOS DE ESA GRAN EXPLOSIÓN.
–¿GALAXIAS? ¿QUÉ ES ESO?

Catorce mil millones de años más tarde seguimos midiendo el calor residual del Big Bang como microondas, es el llamado ruido de fondo cósmico.

—LAS GALAXIAS SON GIGANTESCAS CIUDADES DE ESTRELLAS,
EN LAS QUE ESTRELLAS Y PLANETAS, LUNAS Y METEORITOS
GIRAN EN CÍRCULOS SIN CESAR,
IGUAL QUE EL AGUA QUE FLUYE POR LOS RÍOS.
—¿Y NOSOTROS VIVIMOS EN UNA CIUDAD DE ESTRELLAS?

Hay más de un billón de galaxias solo en la parte del universo que conocemos.

—NUESTRO HOGAR ES LA TIERRA, QUE ES UN PLANETA
DEL SISTEMA SOLAR EN UNA GALAXIA LLAMADA VÍA LÁCTEA.
HAY OCHO PLANETAS QUE GIRAN ALREDEDOR DEL SOL,
QUE ES UNA DE LAS MUCHAS ESTRELLAS DEL UNIVERSO.
EL SOL ES SIMILAR A TODAS LAS ESTRELLAS QUE VEMOS
DE NOCHE, SOLO QUE ESTÁ MUY CERCA DE NOSOTROS.
—¿Y EN LOS OTROS PLANETAS VIVEN ZORROS COMO NOSOTROS?

Si Júpiter se hubiera hecho al menos ochenta veces más pesado cuando nació el sistema solar, también se habría convertido en una estrella.

—EN NUESTRO SISTEMA SOLAR HAY OTROS PLANETAS SIMILARES AL NUESTRO Y HAY OTROS COMPLETAMENTE DIFERENTES. PERO NO EXISTE UN PLANETA CON VIDA COMO LA TIERRA EN EL SISTEMA SOLAR. Y HASTA AHORA TAMPOCO HEMOS ENCONTRADO UNO IGUAL EN TODO EL UNIVERSO.

—PERO SI EL ESPACIO ES TAN GRANDE COMO DICES, ¿CÓMO ES QUE NO ESTÁ LLENO DE ZORROS?

Aproximadamente el diez por ciento de los planetas que hemos descubierto fuera del sistema solar están formados por una materia similar a la de la Tierra y pesan aproximadamente lo mismo. Pero la vida también requiere cierta temperatura, presión, atmósfera y agua en su forma líquida.

—IMAGINA EL SOL COMO UNA HOGUERA DE INVIERNO EN EL BOSQUE.
SI TE SIENTAS DEMASIADO CERCA, TU PELAJE SE QUEMARÁ,
PERO SI TE SIENTAS DEMASIADO LEJOS, NO SENTIRÁS EL CALOR,
TAN SOLO VERÁS QUE HAY LUZ ENTRE LOS ÁRBOLES OSCUROS.
LA TIERRA ESTÁ JUSTO EN LA POSICIÓN CORRECTA,
A LA DISTANCIA CORRECTA DEL SOL.
—¿Y DE QUÉ ESTÁ HECHA NUESTRA LUNA? BRILLA COMO UNA ESTRELLA,
PERO NO SIENTO NINGÚN CALOR.

El diámetro de la Luna es un cuarto del diámetro de la Tierra, lo que significa que nuestra luna es más grande que el planeta enano Plutón. El 3753 Cruithne, un pequeño planeta con 5 km de diámetro, también gira alrededor de la Tierra. Visto desde la Tierra en su recorrido alrededor del Sol, recuerda a una judía.

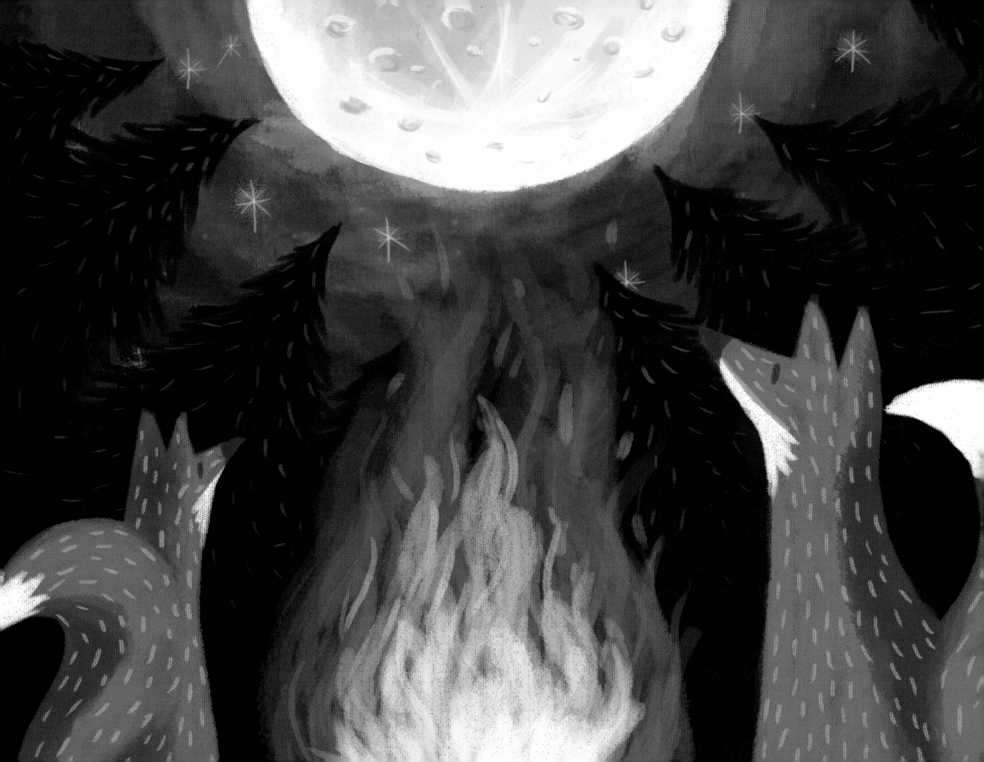

—DURANTE LA NOCHE, EL SOL BRILLA EN LA LUNA
AUNQUE NO PODAMOS VERLO. LA LUNA ES LA HERMANA PEQUEÑA
DE NUESTRA TIERRA. AMBAS FUERON SEPARADAS
CUANDO LA TIERRA AÚN NO TENÍA COMPLETA SU FORMA FINAL.
ESTO SIGNIFICA QUE LA LUNA TAMBIÉN ES TU HERMANA,
HECHA DE LA MISMA MATERIA QUE TÚ Y QUE YO.

Nuestra luna se formó a partir de los restos que quedaron después de que la Tierra se estrellara con un antiguo planeta del tamaño de Marte llamado Theia. Su materia es más o menos la misma que la de la Tierra.

—TODAVÍA NO LO ENTIENDO... ¿CÓMO PUEDEN LA LUNA O EL SOL
SER MIS HERMANOS? EL SOL BRILLA ENCIMA DE MÍ,
¡Y YO NO ME PAREZCO EN NADA A ÉL!

La historia del Sol y los cuerpos celestes que giran a su alrededor comenzó con una nube de polvo y gas.
Una vieja estrella estalló cerca y esa nube comenzó a contraerse.

—TIENES RAZÓN, PEQUEÑO. DESDE EL EXTERIOR ERES
MUY DIFERENTE A UNA ESTRELLA. PERO LA MATERIA
DE LA QUE ESTÁS HECHO ES LA MISMA.
—¿CÓMO PUEDE SER? ¿Y DE QUÉ ESTÁ HECHA ESA MATERIA?

Los átomos de hierro de nuestra sangre, los átomos de calcio de nuestros huesos y los átomos de oxígeno utilizados en nuestros pulmones son más antiguos que la Tierra y se crearon en estrellas lejanas.

—TE LO EXPLICO: TODA LA MATERIA ESTÁ HECHA
DE PEQUEÑAS PARTÍCULAS. ESAS PARTÍCULAS SE AGRUPAN
IGUAL QUE ESA PILA DE PIEDRAS.
—VALE, PAPÁ, PERO ENTONCES,
¿DE QUÉ ESTÁN HECHAS LAS PARTÍCULAS?

Las partículas pertenecen a tres grandes familias, pero hay diecisiete tipos. Una de las partículas más interesantes es el bosón de Higgs, que da masa a otras partículas.

—DE LO QUE LLAMAMOS ÁTOMOS. ALREDEDOR DE CADA ÁTOMO LOS DIMINUTOS ELECTRONES SE MUEVEN COMO LAS NUBES, DENSIFICÁNDOSE Y DISIPÁNDOSE.
—PERO PAPÁ, ¿DE QUÉ ESTÁN HECHOS LOS ÁTOMOS?

La posición de los electrones en el átomo es aleatoria e incierta, solo podemos hablar de la probabilidad de su posición actual.

—LOS ÁTOMOS ESTÁN HECHOS DE PARTÍCULAS,
QUE SON PEQUEÑAS VIBRACIONES EN EL ESPACIO,
IGUAL QUE LAS CUERDAS DE UNA GUITARRA EN LA QUE
PUEDES TOCAR MÚLTIPLES ACORDES AL MISMO TIEMPO.
LA COMBINACIÓN DE ACORDES DECIDE LA NATURALEZA DE LA PARTÍCULA.
—¡GUAU, PAPÁ! ¿Y CÓMO ES QUE TODAS
ESAS VIBRACIONES ACABAN SIENDO YO?

La teoría de cuerdas supone que el universo tiene más de tres dimensiones. La teoría todavía está siendo debatida por los científicos y carece de una evidencia observacional decisiva.

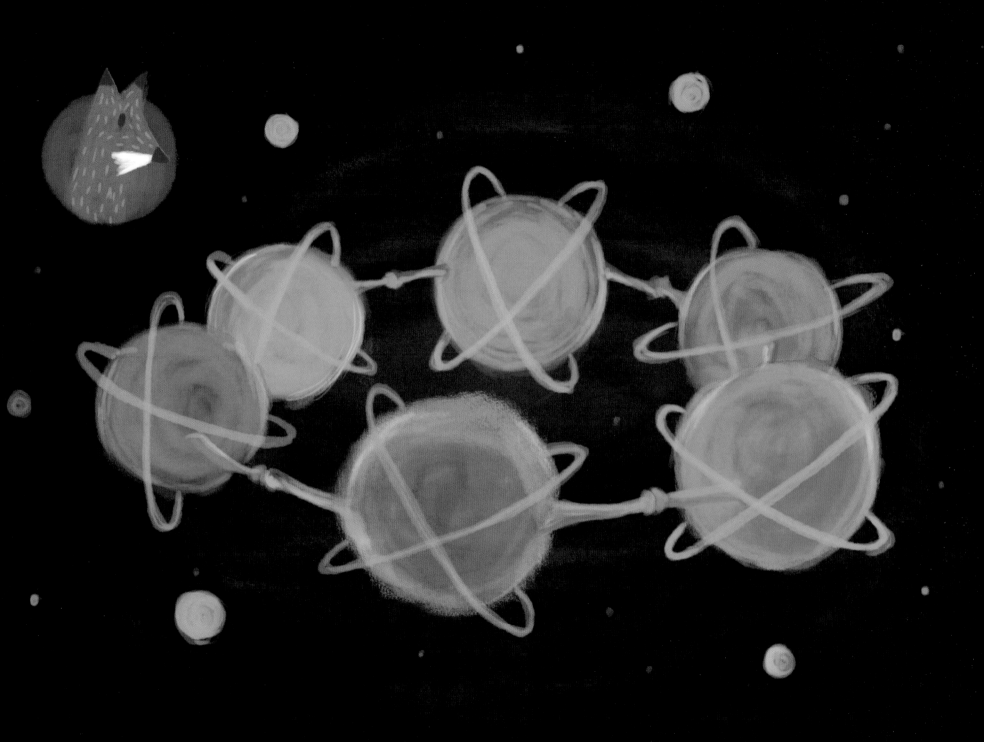

—SE SABE QUE ESAS PARTÍCULAS SE MANTIENEN JUNTAS Y BAILAN FORMANDO ÁTOMOS. SI MUCHOS ÁTOMOS SE UNEN, CREAN UNA MOLÉCULA Y LAS MOLÉCULAS FORMAN LAS CÉLULAS QUE A SU VEZ FORMAN NUESTRO CUERPO.

La palabra *átomo* proviene del científico griego Demócrito. Él creía que nuestro mundo está hecho de muchas pequeñas partes indivisibles que son tan pequeñas que ni siquiera las podemos ver.

—¡OH, AHORA LO ENTIENDO, PAPÁ! ES COMO MUCHAS GOTAS DE LLUVIA QUE JUNTAS HACEN UN CHARCO, ¿VERDAD?
—¡EXACTAMENTE! LOS CHARCOS FORMAN UN ARROYO, LOS ARROYOS FORMAN UN RÍO Y LOS RÍOS FLUYEN HACIA EL MAR.

El tamaño más pequeño que podemos imaginar es el tamaño de Planck. Si un punto de 0,1 mm (el más pequeño que el ojo humano puede ver) se ampliara al tamaño del universo que conocemos, el tamaño de Planck seguiría siendo de 0,1 mm.

—ES LA MARAVILLA DE LA VIDA: EL MISMO ELEMENTO
QUE TE MOJA LA PIEL ES EL QUE HACE FUNCIONAR EL SOL
QUE SE LEVANTA POR LA MAÑANA PARA SECARTE.
—PERO PAPÁ, ¿QUÉ HACE QUE EL SOL SE LEVANTE?
—OH, PEQUEÑO, ESE ES UN TEMA COMPLETAMENTE DISTINTO,
Y YA SABES, DEBERÍAMOS GUARDAR
ALGUNOS SECRETOS PARA MAÑANA POR LA NOCHE.

El Sol está tan lejos de nosotros que la luz y el calor que desprende tardan ocho minutos en llegar a la Tierra. Y eso que viajan a una velocidad de 300.000 km/s.

FIN

EL ZORRO CURIOSO